JN440357

잊혀지지 않는 풍경

잊혀지지 않는 풍경

초판인쇄: 2013년 10월 20일
초판인쇄: 2013년 10월 25일

지 은 이: 윤기영
펴 낸 이: 윤기영
편 집: 정설연
펴 낸 곳: 도서출판 노트북
등 록: 제 305-2012-000048호
본 사: 서울시 동대문구 사가정로 256-4 나동 B101호
전 화: 070-8887-8233 팩시밀리 02-844-5756
이 메 일: hdpoem55@hanmail.net

정 가: 10.000원
ISBN: 978-89-92687-45-4-03810

잊혀지지 않는

풍경

윤

기

영

도서출판 노트북

저자의 말

잠시 눈을 감고 하얗게 그려지는 풍경을 그렸다
그 풍경 속엔 익숙했던 사람들이 도란거리는 소리도
들렸고, 정겨운 눈빛들도 잠시 나를 지배하고 있었다.

어느 여름날 소낙비가 내 가슴을 적시고 가듯
그 풍경 속엔 등불 하나 환하게 비추고 있었고, 지워지지
않는 풍경들로 더불어 살아가야 할 존재로 남아있었다.

오늘은 그 풍경을 찾아 내가 살아온 발자취를 찾아
영혼 속에 그려지는 흔적을 찾아 나섰다.

내 가슴에 갈증처럼 말라붙은 내 영혼을 본다
그리고 익숙했던 지난날을 의지하며 바람결에 마음만
휩쓸려 그려지는 상상 속에 젖어 본다.

그 상상 속엔 고향처럼 너그럽고, 낡은 흑백사진들이
우리네 인생사를 만날 수 있듯 새로운 풍경들은
내 마음을 사로잡았고, 사람들이 닿지 않는 내 마음의
풍경 속으로 나를 이끌고 있었다.

시인들은 어려운 시대적 환경을 살고 있다
선배시인이 지나간 발자취를 좇다 보니 창작한다는
것은 우리의 시대적 숙제이기도 하다.

그래서 우린 시대적 흐름에 이미지화하기 위해
이미지를 찾아 여행을 하는지도 모른다.

이번 시집에서 만나는 풍경은 달리는 것이 아니라
멈춰 서는 그리움의 이미지이다.
그래서 오늘도 풍경을 찾아 멈추는 자에게 그리움이 있듯
시를 찾아 여행하며 수행 길을 나서는지도 모른다.

시인은 고단함 삶이다
글과 도전하는 것은 자신과의 싸움이며
마음을 다스리지 못하고, 벗겨보지 못한 결과와 같다.

여섯 번째 시집을 내면서 많은 고민을 했다
독자들의 잣대가 무서워서 더 망설였는지도 모른다.

2년 만에 내는 시집이지만 아직도 부족함을 느끼면서
서서히 발전하는 모습을 보여주고 싶어 출간을 결심했다.

책을 펴내기까지 수고해주신 노트북 출판사 관계자들께
감사드립니다.

2013년 10월

저자 윤기영

목 차

1부 잊혀지지 않는 풍경

2부 가슴시린 풍경

3부 스쳐가는 풍경

4부 시들지 않는 풍경

[가슴詩린 발라드 1-3집 작사곡]

1부

잊혀지지 않는 풍경

그리운 사람

그리운 사람은 그리운 사람입니다
그리운 사람은 늘 마음속에 있다는 겁니다
그래서 그리운 사람입니다

그리운 사람은 첫사랑처럼 가슴을 뛰게 하는
마력을 가진 사람입니다
그래서 함께 못해도 설레게 하는 그런 사람입니다

그리운 사람은 마음속에 있기에
늘 함께 하는 사람입니다
그리운 사람은 눈에 각인되어 있기에
늘 보이는 사람입니다.

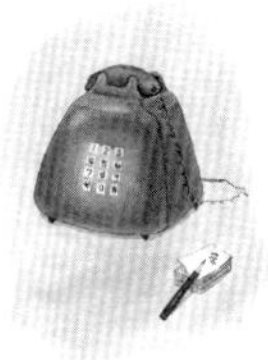

당신 생각에 눈물이 난다

이런 날이면 눈물이 난다
내가 힘들고 고독할 때
발걸음이 무거울 때
멈출 수 없는 당신 생각에
눈물이 난다

저 꽃노을 흐름 뒤에
함께 걸었던 삶의 흔적들로
남겨놓은 많은 이야기들이
눈가에 아른거려 눈물이 난다

못다 한 말 가슴에 남은 체온들
만나는 날까지 잊을까
당신 생각에 눈물이 난다.

잊혀지지 않는 풍경

여전히 반짝이는 풍경하나 있습니다
사랑이 멈춰버린 그 풍경 속엔 아름다운 추억이
삶을 풍요롭게 지배했는지 모릅니다

상. 하. 중심은 소박한 마을이었습니다
터널로 달리는 장항행 열차를 보며
추웠던 시절 사랑방 추억이 아련히 남아있는
심동이란 마을은 두발이 묶인 채 서 있습니다

겨울이면 하심에 깔깔 웃는 대나무 숲
호호대며 썰매를 타던 그날이 눈에 밟힙니다
열차가 멈춰진 그 길에 도시로 떠난 사람은
기다려 주는 사람 없어 돌아오지 않았습니다

굴뚝마다 나는 연기는 누굴 마중하는지
산모퉁이 길은 길고 높기만 한 아이는 그 길을
버리지 못하고 중년이 되어 남쪽 하늘을 봅니다
오늘도 가슴 속 풍경은 노을 집니다.

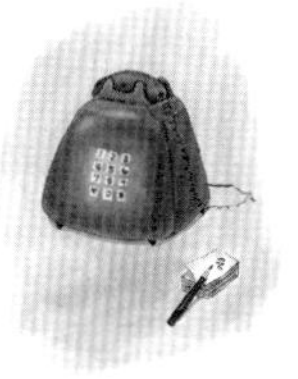

잊혀져간 풍경

우리집 거실엔 변하지 않는 풍경하나 걸렸다
이사를 몇 번 다녀도 그 자리
변함없이 걸어 놓은 풍경이 있습니다

그 풍경 속에는 동네 풍경도 아니고
어느 산풍경도 아닙니다
아무도 보이지 않는 내 마음의 풍경입니다

내가 살아가면서 힘이 되었던 것은
가슴 마디마디에 새겨놓은
그 풍속에 멈춰버린
고귀한 선물 때문입니다

이제 그 풍경을 찾아 나서고 싶습니다
45년이란 세월이 야속하지만
툇마루에 앉아 막걸리 한잔 마시며
찌글찌글한 웃음 느릿느릿하게 건네며
지워지지 않는 풍경하나 풀어 놓고 싶습니다.

그리운 풍경

신마루에 걸터앉은 추억하나 있습니다
중심 언덕에 오르면 마을 안에는 무지개 꽃이
지금을 돌아보는 그리운 풍경하나 있습니다
가끔 소낙비가 다녀가고 나면 그리웠습니다

중심에 영숙이 순이 후란이 천호는 무엇을 할까
그들도 내가 그리워하듯 구들장 기억을 더듬으며
전생의 빚 멍에 걸고 사는 꿈마저 시린 날들
잊혀지지 않는 그리운 풍경이 있습니다

내가 처음 이사하던 날 눈이 내린 두메산골
광산으로 이곳저것 남겨 놓은 흔적이 생각납니다
하심에 성옥이와 태화, 상심에 필재 용갑이
서울에서 산다는데 모두가 타인이 되었습니다

그 친구들은 내 마음의 중심에서
세월이 피었다 지는 지구의 원안에
내 중심은 기억의 한복판이 되지 못하고
아련한 기억만 주름지어가는 동안
소달구지 소리에 내가 그 앞에 있습니다.

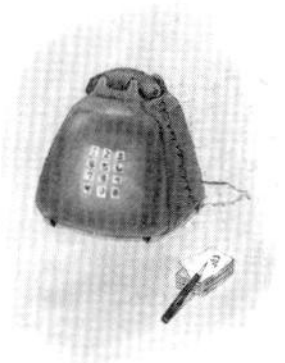

타인이 되어가는 여행

내 마음은 늘 그곳을 여행했다
좋았던 기억만 태연하게 웃으며 말이다
그 웃음은 그 동네에 숨어 있는 사람냄새다
허물고 싶어도 허물어 지지않는 돌담 말이다

도시로 떠나버린 그 길엔 동네를 가로지르던
그 동네만의 낭만이 있는 철길이 있다
다시 돌아온다는 말은 철길이 녹이 난 후에도
돌아오지 않았다

오랜 세월이 지나다 보니 등 돌리는 사람도
길을 버리고 나서야 자신을 뒤돌아보지만
긴 여행 속에서 순례자가 되어가고 있다
가슴 깊은 흉터만 양심 없이 노트에 적는다
아직도 동심은 여행 중이라고.

인생은 네 번째 인생이다

밥상에서 투정부리다
사랑을 배우고 돈을 알았다
돈을 알고 나니 아버지가 되다
아버지가 되고나니
다시 밥상에서 투정부린다

네 번째 인생을 살다보니
친구가 그립다 농담을 나눌 수 그런 친구가
그리운 것은 마지막 떠난 기다림의 한 계절
내겐 소곤소곤 배웅하던 길이 너무 커 버렸다

가슴에 시들지 않는 꽃은 우울함을 극복하며
긴 겨울잠에서 깨니 이상적인 풍경이 소멸된다

기다림은 없다
내 마음을 더 알지 못하고 있기에
더 벗어 버리지도 못하고 옛집을 찾아간다
동심에 정박해버린 내 마음의 정거장
기다림이 없는 동네에 우뚝 서 있다.

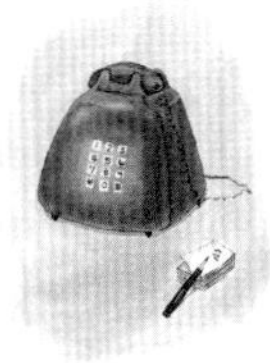

불우한 기억

세상은 물질로 변태시켰다
서러워하는 사람을 조정하며
풍요로운 도시로 이끌어 냈다
각자 살아온 인생이 하늘과 땅 차이다

우린 정해져 있다는 것을 알았다
오래전부터 내려오는 내력을 모르고 있을 뿐
달과 해가 지는 것을 아름답다 말하며
내 이름이 새겨져 있는 곳을 기웃대며
불우한 기억을 은밀한 곳에 가두고
내가 살아갈 회칙을 몇 자 적어놓는다.

그해 겨울은 추웠다

세월이 달려가 버려도
그 겨울은 그 자리에 있습니다
세상을 평정이라도 하듯 하얗게 덮어버린 들녘은
그 시절을 덮어 버렸나 봅니다

타지에서의 겨울은 어린나이에도
시작은 골방에서 어둠은 시작되었습니다

지금 뒤돌아보니 그 때의 기억은 악몽처럼
가끔 떠오르면 목젖이 가슴을 미어지게 합니다
나에게도 그렇게 추웠던 겨울은
중년이 되어보니 그 시절이 있었기에
지금 성숙해 버린 지도 모릅니다

그 시절 아궁이가 그리운 것은
삭막해지는 사회가 시간에 버림받아
다시 돌아가기엔 너무 커버린 세월이지만
내 마음의 종착역이 되어버린 것은
그 기억에 세포들이 멈췄기 때문입니다.

그리운 간이역

보고 싶은 친구가 있습니다
만날 수는 없지만 징검다리처럼
내 마음을 건너게 하는 그런 친구가 있습니다

달과 별을 보고 있노라면 가끔씩 생각나
안부를 묻고 싶은 그런 친구가 있습니다

그 친구도 하늘을 보며 안부를 보낼지도 모르지만
그 안부는 시간에 구애 받아 떠나간 시간
그래서 하늘 한 번 보며 마음만 달려갑니다

내 영혼만 얽매인 채 사진첩만 들춰보며
내 안에 이는 바람만 잠재우려 애쓰지만
사랑채에 모여 낄낄대던 웃음만 몰래 훔쳐보며
그 친구를 불러 봅니다.

뚝뚝 떨어지는 언덕

니에겐 어느 때부터인가 일몰이 시작됐다
해야 할일이 많아 가야할 길은 먼데
세월은 저만큼 2시 반을 가리키고 있다

점심을 먹고 일해야 할 시간에
두 다리는 저 언덕도 높게만 보이고
자연에 펼쳐놓은 샛길도 지름길도 없는
허기진 길을 걷다 보니 발걸음만 무겁고
다락방에서 별을 보며 발소리를 들을 때마다
후회하고 후회하지만 아직은 지상에 남아있다

훌쩍 가버린 이름에 억장이 무너져
죽어야 할 이유보다 살아야할 이유가 많아서
뚝뚝 떨어지는 언덕을 걷고 있다.

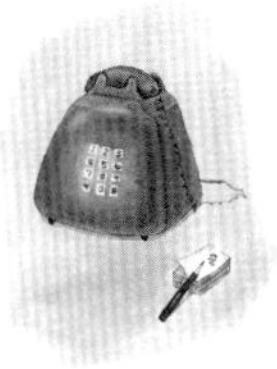

어머니

우주를 이탈했다
눈이 내린 하얀 길을 재촉하며
낙엽 길을 부끄럽다 말하는 동안
통장에 잔고가 부족해 갔다

눈보라를 헤치며 달려간 길
푸릇푸릇 새싹이 나는 계절을 지나
통증을 알았다 얼마나 아픈지
그날의 고백만 메아리쳤다

기둥하나가 뽑혀 기울어진 초가삼간
향나무 아래 숨겨놓은 조각들 때문에
내 가슴은 진한 피가 흐르고 있었다

나는 나에 대해서 더 알아봐야 할 숙제 하나가
지느러미처럼 끈적대는 것을 어쩌면 좋겠니.

그해 겨울

그해 겨울
차가운 기운이 도는 병실에는
희미해져 가는 눈빛에 사무쳤다
링겔 자국은 하염없이 검게 물들고
겨울바람은 어쩌나 춥던지
하얀 웃음이 땅으로 꺼졌다
허리를 바짝 졸라매고
깊은 상처에 약을 겉으로 바르며
말소된 페이지를 들춰본다
마음을 무참히 꺾어버린
그해 겨울
웃음을 싹둑 잘라 버리고
봄의 문을 열어보지만
마음의 문은 닫혀버렸다
세상을 바라보며 인식하는 기억마저
자물통에 채워 버렸다
그 가을에 웃었던 웃음을 찾으려
우수에 젖은 그 길을 더듬어 본다.

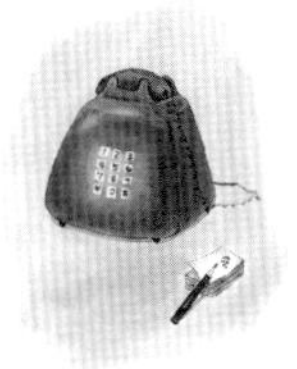

아무도 내리지 않는 정거장

잠을 달고 하늘을 날던 숱한 날들
계절이 하나씩 지워지고 있다
광란의 파편들은 끝없이 펼쳐진다
아무도 내리지 않는 정거장에 말이다

간절했던 전류
면역이 약한지 포커스에 갇혔다
그 마음 인화되지 못하고
잠시 영혼의 길로 충전을 떠난다

세상을 꿈속으로 비춰본다
인간에게 면역은 뜨거운 몸짓
어디서 전류가 흐를까
에너지 같은 것이 부족하다

나에겐 충혈된 눈동자만 남았다
눈부시게 빛나던 날들
역광으로 눈앞에 왔다가는 실루엣
전생의 기억에 묻혀 달려가고 있다.

봄을 이렇게 적는다

나는 겨울에서 봄으로 설레게 한다
연민들이 두 눈에 앉아 있는 동안
기나긴 어둠에 갇혔던 얼굴을 들추어보니
봄을 기다리는 얼굴은 없고 스스로 봄이 되어 있다

창문에 잠시 머물렀다 떠오른 얼굴
너무 오래 생각한 탓일까 까칠한 신경을 죽이고
몽롱한 눈빛으로 가물가물 그날을 곤두세우면
막막한 것들로 잔인해질지도 모른다

끝까지 움켜잡고 부정하기 싫은 것들
겨울을 벗어나지 못한 채 안개처럼 서 있다
더 은밀하게 피었다 지는 마음의 꽃일까
유난히 봄을 좋아하는 이름이다

나는 오랫동안 잠겨 있던 문을 열고 있다
몸살로 사라진 어떤 계절을 생각하며
비가 내렸다 그친 풍경을 이렇게 적는다
봄은 가슴으로 울려 퍼지는 새로운 울림이라고.

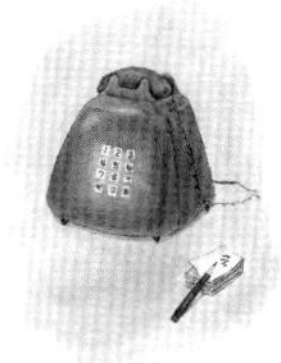

눈의 속도가 늦춰지지 않는다

긴긴 비가 개운치 않게 두드리는 소리처럼
발걸음이 끈적대는 어떤 길도 꽃으로 문을 연다

회한의 언덕을 깨우고 하루해가 어둡게 닫힐 테지
깊게 찌든 무딘 소음의 힘으로 견딘 상처
기나긴 아픔을 나눠 줄 수만 있다면 가벼이
당신의 반짝이는 허기 속으로 달려가고 싶다

첩첩 어둠 속으로 누군가의 부음만이 날아들었다
그리고 나의 별자리를 바라보며 꿈을 꾸면
이끌린 지독한 향기에 세상을 버릴 게 없는
눈동자에 그리움을 그윽하게 박는다

지독하게 냄새나는 금기 같은 세월
그 존재를 버리지 못해 잊혀간
추억하나 품고 사는 망막 저편에
여전히 그리움만 도사리고 있다.

누군가를 기다려지는 가을

누군가를 그리운 가을
이를 깨물며 다시 왔다가 가면
가지 끝에 매달린 마음 하나
숨이 벅차오르다 질식된다

가슴으로 스며드는 향기
첫사랑처럼 갈대처럼 흔들고
폭우로 쓸고 간 오후처럼
입술 밖에서만 서성이는 얼굴
발음기호를 배우지 못해
하고 싶은 말들이 가슴만 맴돌다

그리운 가을
기억하듯 지워지지 않는 몽롱함
화려한 불빛만 불러 놓고
계절은 서서히 얼굴 바뀌어도
늘 다시 찾아오는 그리움
어떤 부호로도 지우지 못한다.

가을 끝자락에 서서

저렇게 슬픈 이별이었나
겨울비가 내리는 거리엔
추락 가까운 잎새 떨어지는 소리가
흐느끼듯 빗소리에 묻혀간다

시간이 다 되었나 보다
떨어진 낙엽 위로 쓸쓸한 마음 하나
긴 겨울 명상에 잠긴다

시멘트 열기로 질식하던 긴 시간
관심 없는 소식만 귓전을 웅성댄다
무심한 듯 낯설게 느껴지는 거리의 풍경
밤을 잃어버린 흥미 없는 자존만 꿈틀댄다

가을 끝자락에 서서
축은 거리는 마음 한 가락
틀어진 마음자리 아쉬움만 뒤로 한 채
겨울비에 젖은 낙엽만큼이나
그리움이 밀려온다.

보고 싶다는 건

보고 싶다는 건 지울 수 없는 거야
생각은 더 보고 싶게 하고
생각은 더 그립게 하는 것이다

보고 싶다는 건 버릴 수 없는 거야
상상들로 마음은 더 반응하고
생각으로 버려지는 것은 아니 거든

보고 싶다는 건 잊을 수 없는 거야
보고 싶음이 깊어지면 마음이 아프고
보고 싶음은 눈가에서 자라거든

보고 싶다는 건 알레르기 같은 거야
환경에 적응하기 힘들어서
마음 속 깊이 숨어 요동치거든.

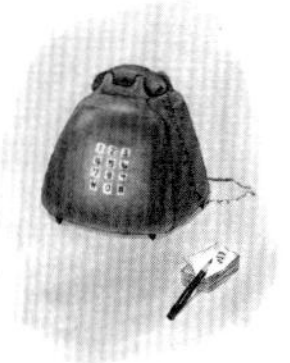

보고 싶은 얼굴들

기다림은 좋은가보다
세월이 추워도
마음이 텅 비어도
보고 싶은 얼굴은 떠오르나보다

인생은 만남이 좋은가보다
한잔 술에 정겨움이 오가면
이유 없이 그리움이 생기나보다

보고픔이 생성하면
인연을 논하고 나누며
가슴에 남는 여운의 빛들을
그리워하며 가끔 되뇌이며 사는가보다.

정지된 마음

가까운 메모지를
몇 번을 꺼냈다 넣으며
그리운 사람이 있다는 것을 알았다
수시로 메모지가 그리워진다
가슴이 시리도록 아프고 나면
더운 날씨가 한풀 꺾인 것처럼
가슴에 시원한 바람이 지나간다
여느 때처럼 정지된 마음은 창가에 서 있다.

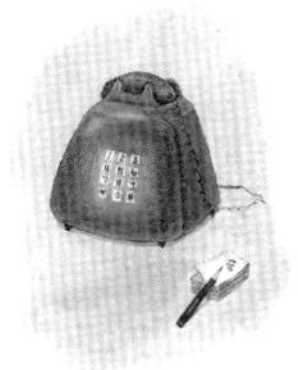

채워지지 않는 그리움

밤마다 거침없이 멈춘다
가슴에 남은 집착들로
채워지지 않는 밤은 이렇게 지나간다

가슴에 비가 내려도
내 마음은 떠내려가지 않았다
빗소리는 침묵했다
가장 거대한 고독처럼
그 향에 취해 몽롱한 채
세월을 바라보면
거침없이 멈춘다.

이제야 알았습니다

이제야 알았습니다
글만 열심히 쓰면 사랑인 줄 알았는데
일만 열심히 하면 잊는 줄 알았는데
그게 아니었습니다

채울 수 없는 쓰린 가슴 달래면
걸었던 시간 얽매어
눈먼 사람처럼 앞이 보이질 않아
먹먹함은 습관처럼 왔다 갔다 합니다

겨울이면 찬 서리로 온몸에 번지면
마디마디 뒤틀리는 통증 느끼며
몽롱함에 깨어나면 그 자리였습니다

바보처럼 사는 게
눈먼 사람처럼 생각을 지우며 말이지
당신 보고 싶음을 이렇게 적어 놓고 갑니다
글만 열심히 쓰면 사랑인 줄 알았다고.

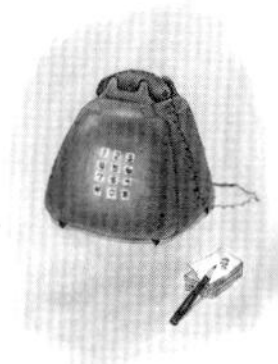

내 몸엔 날개가 있다

날지 못하는 길을 날고 싶어
갈수 없는 길을 바라보며
막막한 꿈은 위험한 옛날로 돌아가
어둠에 인박힌 세월에 또 다시 묶인다

난 가끔 벽시계에 몸을 맡기고 나면
펼쳐 놓은 일들을 고장 난 시계라 말하면 안될까
오래전 거울을 기억하며 비춰본다
그리고 어머니를 생각해 본다

악몽처럼 매달고 다니며 풀리지 않은 숙제
선잠을 이루며 가끔 차가운 잠에서 깨면
세월이 참 서글프기만 하다.

물안개

물안개 피어오르는 아침
마음 속 틈새마다 둥지를 튼 새가
날개를 퍼덕거린다

고요를 파먹는 시간이다

도시를 꾹 누르고 앉은 물안개 혹은
세상의 잠에서 깨어난 숲은
지금 몰입 영상 중이다.

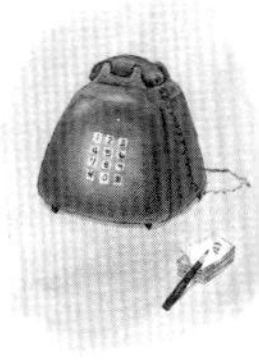

고향

세월이 저만치
단풍빛깔 젖어드는 밤
웃음 잃었던 가을
이제 마음 가득 채비하고
눈물 속에 묻은 어미
까칠한 손잡고 언덕길 넘어온다

툇마루에 앉으면
엄마 젖비린내 묻어 날 것 같은
옛날 그대로의 초가집
마당너머 냇물 가로지르던
어린 날의 은하수
돌아보니 작고 작은 돌다리
내 발 젖으랴 당신은 맨발에 물 적시던
냇물은 말랐어도
내 맘속에 영원히 흐르는 어머니의 강.

햇살을 잉태한 나뭇잎

낙엽의 울림은
천리 길을 뚫고
붉게 읃부 짖으며
떠나는 순서 없는 나뭇잎

바람 소리도 눈빛도
화폭에 담긴 색채로
터질 듯이
음률로 떨고 떤다

익어가는 사과 같은 그리움
가을이 아쉬워
희미한 기러기 떼
방향 없이 어둠을 난다.

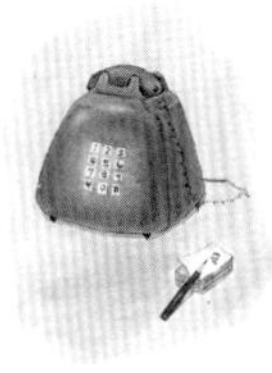

상처

시들어 가는 꽃을 보았다
조금씩 물을 주어 본다

뒤척이던 밤
너를 만난 꿈속에서
활짝 핀 꽃들을 그렸다

밤새 꽃은 간 곳 없고
바람에 한 잎 두 잎 떨어져
앙상한 가시들만 남았다

화폭은 흔적만 남긴 채
누렇게 얼룩져 있고
어둠을 마시고 메아리친다

햇빛은 창을 넘어와
나를 감싸니
온몸 녹아 꽃이 되었다.

시인의 집

넓은 마당 걷는 여름 속
마음과 마음의 연가에
아기자기 흐르는 골목길엔
사람 사는 냄새 좋아 왔노라
담솔한 너 보고 파 왔노라
햇살로 쥐어짠 세월이 웃고
옹기종기한 학고 방들이 자글자글
먹고 살기 위한 삶의 굼터엔
집중되던 눈초리들 속
그 길에 서 있노라
골목마다 스쳤던 핍박의 눈빛들은
수채화 꽃 머금고 긴 세월 피어났으니
신길동 마당 골에 내린 여름의 향기
그 길에 나 그렇게 서 있노라.

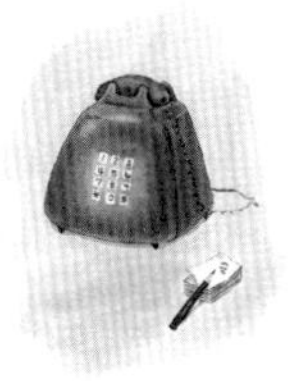

눈이 희도록 그리운 사람

눈이 희도록 그리운 사람이 있습니다
내가 힘들고 지친 세월을 보면
나에게 힘이 되어주는 그런 사람입니다

내가 살면서 인생을 몰랐던 것은
내가 살면서 세상살이를 몰랐던 것은
내가 제일 아팠을 때 생각나는 사람입니다

난 당신이 떠난 뒤에 인생이 보였고
내가 살아가야 할 길을 보았습니다
내가 얼마나 허약한 사람인지도 알았습니다

이제 세상을 가르쳐 준대로 살아가려합니다
눈의 희도록 그리워도 살아가려합니다
인생은 보고픔에 살아가는지도 모르겠습니다.

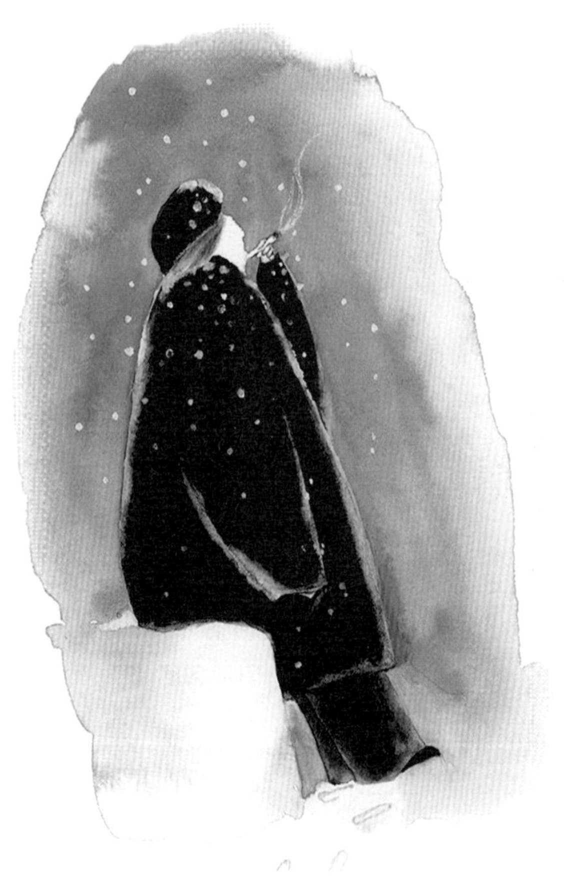

2부

가슴시린 풍경

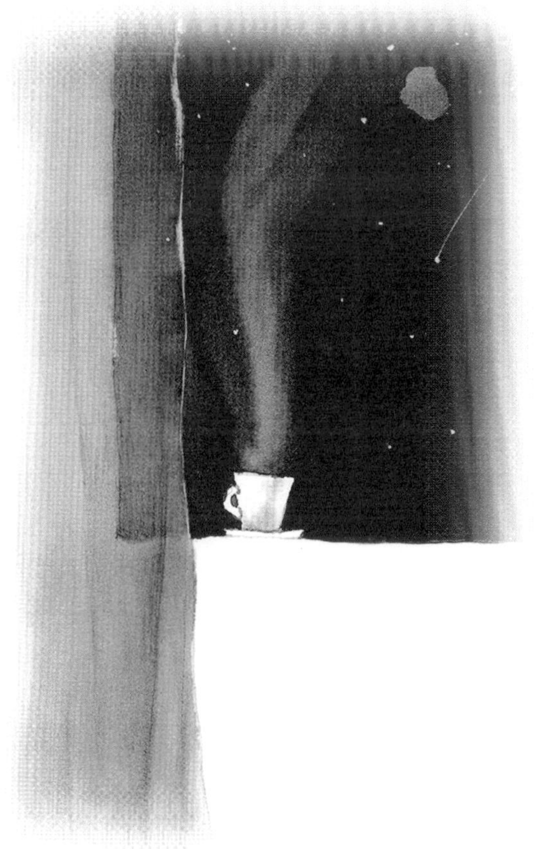

가슴시린 풍경

길게 늘어신 그리움
어쩌다 허공을 품었는지
멈춘 배를 바라보니
묵은 빗속으로 안내하는 풍경들
그 속엔
어느 때인가 묵혀 있다
나를 지탱하게 했던 기나긴 색들
고요 속에 파고드는 빗소리
가깝지 않게 멀지 않게
웅크리고 앉아
시간 보냈는데 이상하다
도무지, 기억만 푸르다
저 강가가 빛나는 것은
찬란한 물빛이 아니다
말 한마디 빙그레
내 몸으로 들어왔다가는 상념
언덕길을 넘어
빗소리만 남겨 두고
희미하게 멀어져 간다.

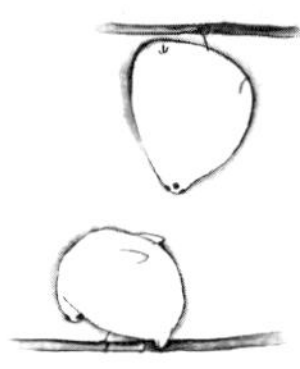

비의 전설

온갖 눈물로 그렸다는 비의 전설
마음의 꽃들이 뿌리 없이 피고 마는구나
창문을 다가갈수록 다가오는 온갖 비의 사연들
순간을 적시며 꽃을 향해 투명해지는 약속은 없었다

나는 비가 오는 밤이면
숨 쉴 수 없을 만큼 가슴 찢기는 소리를 지나
봄꽃으로 황홀한 눈동자만 남는다
하나도 보이지 않는 눈부시게 빛나던 것들
눈을 질끈 감으면 평화의 빛이 밤까지 찾아온다

휘적휘적 비의 전설은 음악처럼 번진다
고독과 고요를 그토록 외치며 연주하는 그곳에
봄비가 찾아왔다 그곳에
걸어가는 그 길에 마음의 문고리가 슬쩍 잡아당기면
무게도 없는 그리운 기억을 굽이굽이 켜들고 다니다
적지에 윤이 나는 그리움을 철수시킨다.

그 모습 그대로 간직해요

내가 너무 무심했나 보다
떠난다는 소식을 접하고 나니
하루 종일 함께했던 시간
아주 떠나는 것도 아닌데
잠시 다녀온다는 건데
내 마음이 이토록 허전할까
왜 이렇게 허전할까

쏟아지는 빗줄기 속에 멈춰
노래하던 앙증맞은 미소가 파노라마 친다
만남이란 노래를 즐겨 불렀는데
그렇게 즐겨 불렀는데
소중한 인연이라고 말했는데
늘 변함없는 그 마음
후배작가들을 위해 전해 달라고
다시 돌아오는 날
서로 못다 한 말 좋았던 기억만
작품으로 남겨 놓겠노라고 약속해요
지금 그 모습 그대로 간직한다고
그 모습 그대로.

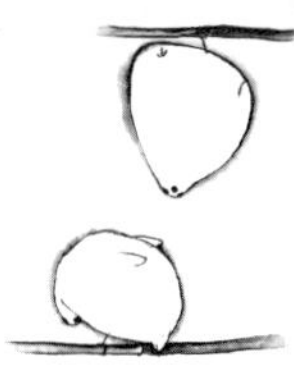

발칙한 상상

빗물이 오는 이런 날엔 정지된 날이다
구수한 술잔에 군침만 늘어놓고 휑하니
숨은 그리움은 왜 그리 그리운지
술잔에 헛심만 잔뜩 채워놓고 간다

우산 아래 지나가는 발걸음을 지나
여탕 창틀보다 가파르고 앙칼진 발걸음에
웃음을 밀어내고 밀어내다 멈춘 자리
소음으로 멍든 가슴은 웃기는 줄 몰랐다

눈부시게 찾아올 들끓는 풍경들을 상상하며
나는 순순히 봄에 절박 당한다
빗물에 겹겹 쌓인 시간의 조롱을 흔들며
상상은 잠시 송곳처럼 파고드는 기억 저편에
쓸쓸한 눈물샘이 축축한 지층을 이룬다.

그리워서 더 그리웠다

그리워서 더 그리웠다
나뭇가지 끝에 매달린 수북한 이야기
바람에 떨어진 사이로 비상을 꿈꾸며
절벽 아래 시간이 펼쳐지는 동안
슬라이드 필름에 갇혀 파노라마 치는 그리움
어쩌자고 눈꺼풀 풀고 미동 없이 밀려오는가
가슴에 꺼져가는 슬픈 노래가 너무 아파서
의자마다 못 박혀있다
그 시간이 다가와서
그 시간이 그리워서
아프다 소리 지르지 못하고
절벽 나락에 추락하듯 무너지고 말았다
겨울이 되면 세상에서 가장 아름다운 슬픔
내 심장은 실이 되어 공허한 시를 쓴다.

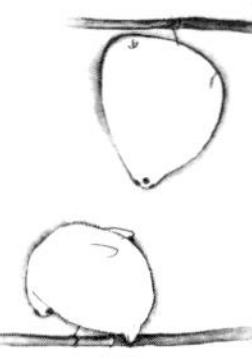

밤을 이해하였다

밤이 오랜 질문을 던지고 간다
창가에 생겨나는 밤은 이해하지 못했다
때론 생각만 비추고 가는 먹먹한 시간
달빛은 적막을 한 장씩 넘긴다
내 손에 미치지 않는 어두운 길
다시 태어나려고 어둠을 뚫고 달리고 또 달린다
인연의 끝도 모른 채 무서운 속도로
지우고 또 지워보지만 깊고 깊은 푸른 밤
아침은 또 다른 밤을 이해하였다.

젖은 사색의 노래

진화된 길루 구속된 길을 달렸다
자유롭게 해가 뜨고 지는 변화를 들추어보며
빗속에 간직한 사물은 빗속에 사방으로 흩어진다
오고가는 생각 속에서 생각을 만든다
순간의 마음을 대신할 또 다른 문밖 공기의 기능
나를 지탱했던 눈빛은 지고 다가올 여름을 다스린다

봄비가 하염없이 적시는 발끝으로 전해주는 희열
듬성듬성 콕콕 박혀 사선으로 흩날리는 마음은
관심 없는 노래는 비에 젖어 사색에 잠든다

진화된 길은 치명적인 빗살무늬로 오래된 길
진동이 작은 둑길에서 고요히 떨어지는 빗방울 보며
가슴에 맺힌 소리는 빛바랜 책 넘기는 소리였다.

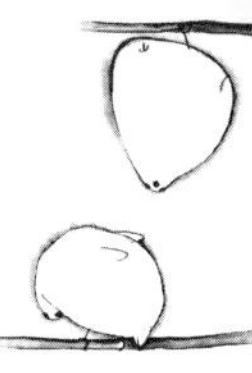

내 마음의 공명

나에게 가끔씩 파장이 일어난다
당신이 남겨놓은 아픔이 있기에
당신이 남겨놓은 세월이 있기에
내 마음 속에 심금을 울린다

당신은 저 멀리에 있기에
보고 싶어도 볼 수 없어서
지난 추억을 더듬으며
미소도 지어보고 고독도 되뇌며
가까운 길을 봅니다

내 마음의 작은 울림은
당신을 향한 그리움입니다.

바람의 말을 해독할 수 있을까

별이 반짝이더니 가을이 왔다
때론 마술처럼 허상처럼
혼자 중얼거리며 여름이 갔다

가을이 오는 동안 창밖이 멀다
가끔은 천둥소리를 듣고
가끔은 달빛에 가슴 떨려도 보고
가끔은 숨 쉬는 동안 사실처럼 왔다가
백지처럼 사라질 때가 있다

글과 글 사이 갇혔다
사람의 마음에는 여분의 숨소리가 있는데
그리움만 몸에 꽁꽁 묶어 놓고
혼자 헤매도록 창문만 거꾸로 묶어놓고
다가올 방향을 바라보라 하면
그 습성은 정답이 없었다

나의 계절도 발자국이 지껄이기 시작한다
들려오는 소리는 생생하게 간절한데
창가에 마음 열어놓고 비스듬히 바라보며
바람의 말을 해독할 수 있을까.

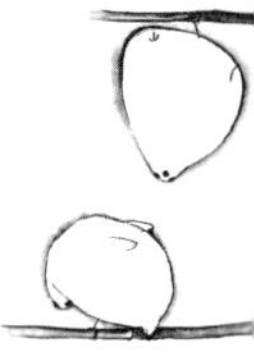

비가 내리는 소식

비가 내리면 아픈 것은
촉촉이 젖어드는 그리움인가보다

장마 소식을 난리가 난 것처럼 떠든다
피해를 줄이기 위한 수단이지만
복구가 안 된 지역을 비추니
복구를 못 한 사람과 주민만 엇갈린다

비가 내리면 슬픈 것은
멈춘 시간이 떠올라 슬픔인가보다

마음은 바쁘고
준비와 대책이 있어야 피할 수 있는데
올해는 재난방송을 하지 않았으면 좋겠다.

비가 간절한 마음

간절한 소식은 끝내 오지 않는 실병이다
반은 난감하고 반은 안타까워 간다

눈에는 바람이 일고 들이 타들어가는 동안
평생을 논한 꿈과 희망은 메말라가고
간절히 기다리는 비로 술이 어슬렁댄다

지난 풍경이 그리워 달려간다
멍한 상상화는 은밀하게 왔다 간다

아픔도 기쁨도 끝물에 와버린 세월
듣는 소리마다 가슴이 아프다
메말라 타들어가는 들녘을 지나
비가 간절한 마음은 비의 마음이다.

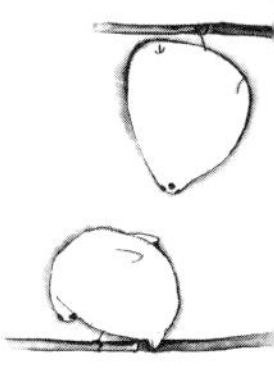

가을엔 편지를 쓰고 싶다

가을엔 편지를 쓰고 싶다
비가 오는 날이면 말이지
내 마음이 돌아왔을 땐
희망도, 좌절도 끝이 안 보였다

슬슬 명치끝이 채인 듯
그날의 안부를 묻지만 앞을 가린다

우수수 떨어진 갈잎을 바라보니
그 시절이 아름다웠다라고
마음 편지를 쓴다

그 거리를 생각하니 우르르 쾅쾅쾅
가슴 한쪽에 녹여드는 것처럼
가을이 오는 날이면 이유가 없다.

공유

풍성하게 움직이는 그곳
글은 아프게 하고
음악은 슬프게 한다
이집은 그리움이 많은 집이다

행복이 있는 집은 음악도 글도 다르다
목적도 단식도 이유가 있다

우린 변화를 가치 있게 받아 즐기는
삶을 줄길 줄 아는 그런 사람들이다
그래서 공유는 행복이다.

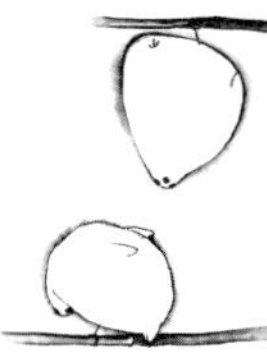

가을의 전설

나뭇가지 깊은 소리가 나를 가두었다
가을은 정지된 그리움
풀어헤치면 먹먹한 가슴 전생의 비밀일까
나를 감전시킨 그리움이 다가온다

그 존재의 중심으로 데려가 뼛속까지 시리다
섬이라는 글자 속에 나를 가두고 닫는다

황금빛 가을이 익어가는 동안
매듭을 풀 수 없는 기울어진 계단이 어슬렁댄다

얼마나 멀리 갔을까 그리운 가을
발자국마다 거리에 서 있다
당신이 남겨 놓은 그 발자취들
눈빛은 흐릿한 가을의 전설이 되어간다.

가을의 잔해

내 마음 부서지는 소리를 들었다
세월에 그을린 뒤안길을 빨리 오느라
돌아보지 못한 날들
렌즈 속에 나의 목록을 만들고 있었다

내 마음은 낙엽처럼 물들어 갔다
가을이 빨리빨리 오는지
어느 때가 되면 시들어질 준비라고
이제 문장은 내 마음을 해석해버렸다

가을처럼 살다 가야 하는데
눈부신 높이의 부르튼 마음을 바라보며
바스락 깨지는 발자국은 삶의 떨림이었다
가끔은 쿵쿵 깨지는 천금 같은 잔해들...

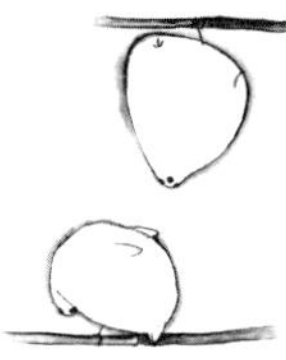

우주를 넘나드는 사건이다

천상에 꽃을 그리다 세월이 깊었다
지나가는 가을 소리를 지나
내 몸속 긴 복도 하나가 사슬에 묶여
마음의 채비로 고단한 가을 숲이 기다린다

시간은 생을 역류하며
우주를 넘나드는 사건이다

달까지 가고 싶은 날
그늘진 인생을 단념하며 환한 웃음을 질질 끌며
내가 나를 보듬으며 가을을 깊이깊이 새겨본다

가을은 얄궂다
살갗에 그을린 여기는 누가 그린 별빛인가
긴 잠에서 뼛속까지 시린 계절병이다.

어떤 꽃들이 눈을 적실지 몰라

어세의 눈부심은 왜 이렇게 이두운지 몰라 평생 터득한 누군가 가슴에 있다면 한숨 소리일까 기쁨 소리일까 매일 눈감으면 어리둥절해 난 그 이름을 여전히 거역해 누군가 떠올리면 기쁜 생각들을 몇 조각 강물에 보낸다 봄은 꽃 비린내로 몸살을 앓고 간신히 기억을 딛고 저물면 어떤 꽃들이 나를 적실지 몰라 난 금이 간 창문 안에서 햇살의 부피를 늘리고 어둠의 부피를 줄이며 불끈 힘을 준다 내가 보았던 것들을 그리워하며 미완성 몸에 삐걱 그으며 한 장의 두꺼운 말씀을 읽는 건 이미 써놓은 봄의 일기처럼 나를 사로잡는 시간은 엇박자로 소화하고 기억을 벗는다.

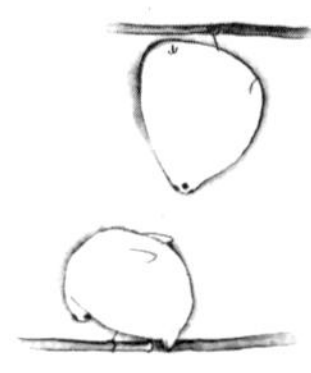

내 마음을 미로 속으로 빌려 간다

세월의 저편으로 어둠을 지나 오색의 길로 들어섰다 온몸으로 소리를 들으며 온 길과 갈 길은 얼쩡거린다 글을 쓰는 것은 사람이 다녀간 것처럼 열등의식에 갇혀 지루한 변명만 늘어놓는 암초들로 양심을 버리지 않는다 절실하게 시를 쓰며 아무 일도 일어나지 않는 이상한 날들 멍한 눈을 뜨고 시 한 줄 두 줄 좌절은 나를 다시 본다 어떤 대화도 굳게 닫쳐 정신이 몽롱하게 생각나는 한사람 허락을 소진하며 불면의 문장은 칙칙하게 벙어리로 만든다 빛나던 시절 허기진 시간 속으로 뜨거운 위로가 필요한 날 술잔은 혀끝으로 전해지는 사랑으로 더 많은 것을 떠오르고 지독한 술냄새가 잠시 내 마음을 미로 속으로 빌려 간다.

선잠

보고파도 만나지 못하는 그리움
골목마다 궈전에 많은 것들 덮고 지나간다
은하수 건너 이별이 너무 길어
그날이 다가오길 기다리며
잔혹한 선잠을 잔다

꿈속에서
나를 벗어난 시간으로 뒤돌아간다
늘 가슴에 식지 않는 뜨거움
온몸을 적셔놓고 어둠으로 사라진다

흩어지지 않는 수척한 얼굴
지상에 다녀간 흔적은 없어도
난 듣고 나면
가슴팍 짓눌려 온몸이 흔들린다.

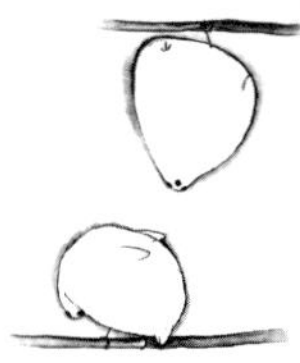

희망의 이유

나는 죽은 듯 자는 척한다
오염되는 눈과 귀를 막기 위해서이다

생각이 깊다
쌓기 어려운 모래성 같은 그 길
멀고도 높고 험난한 그 길
지상에서 가장 순결한 영혼의 길이란 말인가

병을 사는 사람들 그리고 파는 사람들
오염을 알면 통증을 알면 위태롭다
하얗게 덮어 줬으면 하는 바람뿐이다

세상 사람들은 통증을 앓듯
피멍 들도록 입술을 깨물며
희망을 버리지 않는다
7년을 버리고 나니
캄캄한 밤을 견디는 하늘을 보며
세상에 터져 나오는 소리를 알게 됐고
또 다른 사람의 꿈을 듣게 된다.

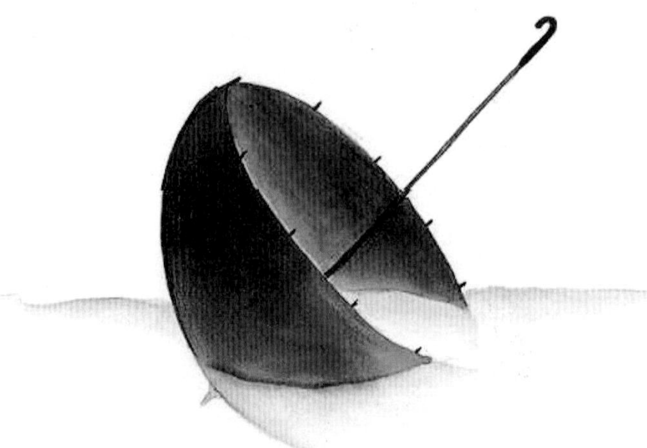

3부

스쳐가는 풍경

아침을 누른다

고장 난 밤을 수리한다
매우 혹독하게 펼쳐지는 밤
어둠 지기를 기다렸는데
온몸에 어둠을 발라놓고
속절없이 가는구나
마음을 여기저기 켜놓고 말이다

하루도 빠짐없이 전례처럼 다가온다
익숙해질 때도 되는데
이 밤도 거룩한 순교를 꿈꾸며
선잠을 잔다

위험한 밤
생각들이 나를 잠식한다
낮과 밤을 가리지 않고
자석처럼 달라붙어
온몸을 증후군에 빠뜨린다
뭉개진 밤
내 삶을 유폐시키고 고백하다
초인종은 아침을 누른다.

외경의 시간

오는 세월을 흘러보낼 뿐이다
길고 긴 외경의 시간
잔설로 얼어붙은 마음이 싫어
따뜻한 봄을 기다렸는지도 모른다

세월과 난 모나게 뒤돌아 누워
각자 잠을 원망하며 이룰 수 있었다
심연의 꽃을 피워 오르길 기다렸지만
잘난 글 때문에 모두 떠났다

시인은 고독하다
모두 떠난 자리엔
사랑으로 채워야 할 곳을
글들이 꽉 차
귀로 듣고 눈으로 보며
어두운 그림자를 조금씩 깨물어 먹는다

이런 세월에 산다는 것을 원망하면서
쏟아지는 언어에 죄의식을 느낀다
오늘도 카페 문을 열면서
글에 희망을 던져보지만
곧 죄의식에 시달리고 만다.

감정엔 속도가 없다

나는 번번이 차를 놓치곤 한다
잔고 같은 사람
인생에 웃고 문학에 울며
무던히도 견디어 왔건만
날로 무뎌가는 손끝엔
새로 태어나는 바코드 힘에
내 인생은 있었다

어느 때인가부터
내 인생은 소멸되어 가고
뺨을 세게 때려도 보고
수면의 밤을 알알이 수놓으며
누워있던 그림자를 일으켜 세워도 본다

얼어붙은 밤을 새우며
마음이 멈춰선 횡단보도 건너로
인생의 죄를 끼어 안아야 하는
벗어나지 못하는 장막만 흐른다

때론 어둠의 불빛을 조금씩 섞어
나의 감옥이니 탓하지 못하고
감정의 속도가 있다는 것을 깨닫고
감정을 조절하지만 이 밤이 야속하다.

생각이 고단하다

영혼이 있는 기억을 끌고 다닌다
그리운 풍경 발치로 말이다
은유적 구름 속 도시로 말이다

때론 발을 가진 것처럼 끌린다
그리움에 찢겨진 내 마음도
준비 없이 돌아갈 발자국을 찍고 있다

언젠가 내 마음에 읽다가 만 책들은
눈물로 그렸다는 전시품
책장 구석에 은폐되듯 긴장을 늦추지 않는다

생각이 고단한 책장에
불량한 독자가 불량하게 쓴 글들
낡아가는 옷소매에 바람처럼 이끄는 그리움
언젠가 책속에 내민 손속에 있을까
난 아직 쓰지 못한 절규의 시가 있는데
배달부는 쓸데없는 광고지만 같다놓고 간다.

바람의 언덕

깊은 저 계곡 음지가 그립다
바람을 비켜가던 언덕 아래 말이다
반성하는 문명의 단맛에 취해
저 깊은 마음 술래 속에 갇혀
달력 숫자만 순서대로 뜯어냈지
계단을 오르내리며 뒷모습만 보며
오랫동안 언덕만 서성거렸지
시간의 밖엔 꽃이 피고 지는 것도 모르고
난 쓰러져 있는 세월만 잡았지
하늘에서 맞닿은 능선 길에 서서 말이다
주름진 하늘의 귀퉁이에 안개처럼 난 길을
끝까지 움켜쥐고
가끔은 달빛에 쓰다듬는 인척에 잠들며
뜨거운 청춘의 바람을 지나
버리고 또 버려진 인간이란 이름으로
내 얼굴의 무너짐을 보았지
난 또 어디를 보고 있나
바람의 언덕에 바람 잘 날 없는 그 길을
후회 같은 망설임에.

연둣빛 창가

창문은 따뜻한 기운이 돈다
찬바람은 옷깃을 스치듯
반짝 사라지는 순간
이내 지구 끝으로 침투한다
은빛 숨소리가 견딜 수 없을 만큼
창문으로 연애하고 창문을 닫고
그 영혼에 젖어 심금을 울린다
한순간이 필요해서
몸속에 있는 독을 하나씩 해독한다
기척 없는 먼 길을 보면
눈에 이해되지 않는 것들
그 바깥 길이 멀기만 하다
창가에 비춘 연둣빛 향기에
숨었던 속울음이 깊이를 가늠하면
창밖엔 알 수 있는 사람이 지나간다.

반나절이 지난 지금

방심했던 반나절 세월이다
슬픔도 기쁨도 반나절에 다녀갔다
눈에 비친 것은 아침이고
마음을 멀게 한 것은 오후였다

기쁨이 와서 아침을 훔치고
슬픔이 와서 밤을 버리고 간다

세월을 웃고 울면서 중년에 와 있다는 것을 알았다
방심했던 반나절
굽이굽이 피었다 시든 적이 한두 번이겠나
그리움은 도적처럼 왔다가 간다
세월이 와서 하는 일은
그저 지난 시간을 풀어놓고 놀자는 것뿐이다

희망 없는 지나온 세월을 되풀이한다는 말인가.

인생은 길동무다

길바닥에 떨어진 인생을 보았다
걷기 싫어 몸서리치게 쓸쓸해진 진화된 길,
청각 장애자의 눈에 비친 암울한 내 집에
그 풍경을 귀담아듣는다

거리든 풍경이든 어떻게 미쳐갔는지는 아무도 모른다
생살이 찢어지는 속도로 치달리던 감각도 잊고
마치 해마가 쓸 고간 자리처럼
인기척도 없는 그 길에 서서
본능적으로 불빛에 의지하며
하늘에서 신음하는 빗방울 소리 듣는다

흙탕물이 고여 진흙탕이 된 길을 바라본다

난 순종의 목적을 헤매다 내가 만든 길로 깨우친다
아침이면 다시 전송되는 메시지의 힘으로
뒤돌아보면 진실처럼 사라졌다
진실처럼 다시 돌아오는 순간에 드러나는 것들
망각의 늪에 시 한 수를 조아리며
또 다른 길에 인생을 조각내 본다.

아, 봄이다

천천히 뉘우치며 겨울이 진다
하루를 못 견디게 허물어 버리면
이제는 기다릴 수 없는 날들
필사적으로 큰 걸음으로 달음박질친다

나를 데리고 만발한 초록의 길로 안내한다
오랜 습성의 마음 끝으로 옮겨오는 일
노랑꼬리 붉은 꼬리를 달고
구름은 제주에서 출발했다
모든 씨앗을 부화시키며 계절이 온다

아, 봄이다
꽃 속으로 숨을 들이켜며 그곳을 지나고 있다
아, 꿈이다
마음엔 초원을 그리며 풍경을 쓰고 있다
아, 시인이다.

긍정적 사고는 인생의 오류다

사랑할 땐 세상을 버린다
가끔 찢기는 소리를 지나기도 하고
알 수 없는 희열로 쓴맛을 보기도 한다
때론 향기로운 꽃잎을 슬쩍 훔쳐보기도 한다

꽃이 피고 지는 건 인생 같다
싹이 나 꽃이 피는 계절을 지나
화사한 자태로 물든 여름을 거쳐
물들어갈 꽃잎에 인생을 던져 보면서
덜커덩 돌다리에 조바심도 내본다

꽃의 발원지는 인생의 오류다
뚝뚝 부러지는 소리를 지나 우수수 왔다
푸르게 물들기 전에 불량한 생각을 낳고
얼마나 더 숙성돼야 깊이를 알 수 있을까
사고는 사고를 만든다.

밀려오는 그리움

수시로 다가오는 소리를 지나
대기권을 벗어나지 않은 취기처럼
지는 해를 그리워하며 산다

가끔은 가슴에 맺힌 돌다리를 지나
뚝 부러지는 날갯짓 소리를 듣는다

흔적도 없이 완전히 발휘돼 찾을 수 없는
몽상으로 사라져버릴 부질없는 꿈같은 집착들
밤마다 무슨 일이 있었던 것일까.

전생을 생각하다 너를 놓쳤다

내게는 온몸에 박아둔 상처가 있다
계절마다 찾아오는 계절병일까
문장이 살아 숨 쉬는 깊은 뿌리가 필요했고
푸르게 자랄 기둥과 가지가 필요했는데
근원도 모를 일에 흔들리는 알 수 있는 일들
스스로 속을 비우지 못하고 떨어진 낙엽처럼
바람에 나부끼는 계절을 바라본다
마음을 얼마나 다스리며 살아야 할까
별을 보며 감정만 부풀다 흩어지는 날
계절을 안고 손이 발이 될 때까지
먼빛에 의지하며 세월을 걸어두고
하나의 문장을 잉태하니 섭섭하다
먼 생각도 마음이 그랬을까.

회상

가을은 나를 버렸다
비상하는 내 마음은 떨칠 수 없는 잔별들
귀뚜라미 울음소리도 서글퍼지고
밤사이 가을을 벗어나려 몸부림쳐본다

렌즈 속에 춤추는 미소가 그리워진다

무대 위로 잠들어가는 발소리는 끊기고
화려한 사진만 빛바래 허공을 더듬는다
가슴엔 어느 때부터 멈춰버린 시간
낡은 필름 뚝 하고 끊어지는 소리가
세월을 진동하듯 눈앞에 멈춘다.

지존이라 부르지

세상을 지존이라 부르지
일에 짓눌려 사는 사람들 말이야
가끔 나를 보면 정신 나간 사람 같기도 해
멈춘 듯 가는 듯 흔들림이 없는
때론 그리움의 노래를 부르며
그러다 사무치면 창밖을 서성이며
세월을 안고 기적을 부르며 살기도 해
가끔 속도위반을 하지만 잡는 이가 없어
세월이 좋다고 하지.

상념

우린 밥보다 종이를 좋아했지
누렇게 탈색된 종이를 머리에 이고
예술가 옷을 거치고 긴 골목을 뉘엿뉘엿 걸었지

온몸이 으스러지고 살갗이 찢어져도
저 높은 고지가 높아 보이지만
숙명이라 말하지 않고 침묵을 좋아했지

하얀 종이 위로 묵향이 번지는 소리를 듣고
책갈피엔 내가 남겨 놓은 진동을 느끼며 말이다
우린 지금 무슨 상념에 잠겨 있는가.

작별

가을은 이렇게 작별하는가 보다
우수에 젖은 시간을 놓고
화해도 없이 떠나려 하는구나

가을은 나를 안고 미련을 남긴 채
그리운 발자취만 쌓이고
토해 낼 수 없는 가을을 연연하지 말라고

결핍처럼 남루한 꿈을 꾼다
그게 진정한 인생의 맛이란 맛인가
가을은 떠나기 전에
또 다시 사납게 헝클어 놓는다.

우린 스스로 이름을 만든다

우린 이름을 부른다
지나가는 바람을 존재라 부르며
한 세상 놀다 가는 것을

우린 경지에 도달해 있다
추억에 젖고
우수에 젖어
한잔 속에 비틀대면
세월은 저만큼 와있더라
할 일 없이 계절만 탓하다
세월이 왔더라.

인생은 오류다

능동적 사고는 오류다
사는 것도 사고고
세상이치도 사고다

열심히 산다고 살지만
인생은 오류다
앞이 보이지 않는 사고다

세상을 지나고 보니
달콤한 것도 쓴 것도 잠시
에라,

내 마음을 읽어 주는 사람

글을 쓸 수 있어 행복하다
내 마음을 읽어 주는 사람이 있고
나 같은 마음이 있어 행복하다

나를 지탱하는 원동력은 책이다
책 속엔 내가 있고 세상이 서 있다

우직 소리도 쨍그랑 소리도
언덕 너머 멀리멀리 등 돌려도
글은 나를 버티게 하는 지주다.

인생은 사슬

어머니는 바람을 좋아 하셨나보다
밖으로 돌아다니기만 하지 돌아오지 않고
잊을만하면 사정없이 인척 없이 엄습해 온다

그 고통이 지나고 나면
옆에 있는 것처럼 꿈을 꾸고 나면
잔소리로 걸음걸음마다 밟힌다

바람이 남기고간 자리마다
힘든 역경을 인내하게 가르침을 준
그리움이었다.

가슴에서 웃음을 잃었다

어느 때부터인가 가슴에서 웃음을 잃었다
사는 것은 현기증 같았다
훼손된 부위마다 채울 수 없는 편견도
더위에 어지럽다

장미꽃 향기를 옆구리에 맡겨 보지만
잃어버린 시간은 통증만큼이나 아려온다
나의 젊음은 빛을 잃은 채 유리문을 지나갔다

중랑천의 여름은 이렇게 시작되고
이 계절을 이탈하고 싶었다.

지구별

인터넷은 메마른 이름이었다
인생을 심어 잘 가꾸려 인내하려 했는데
등 뒤로 지나가는 미련은 둔탁한 소리였다

세월이 아무리 고단해도
아끼는 사람 하나정도는 지도에 붙여놓고
익숙해지기를 기다린다.

여정에는 함정도 많다

어느 날 관중 속에서 내가 가야할 길을 잃었다
태산이 무너져도 갈수 없는 그런 길 말이다

애타게 기다리던 울타리는 기억만 맴돌고
핍박으로 얼룩진 그림자만 밑거름이 되어
고된 여정을 바라보니 발걸음이 아프다

인생은 함정이었다
달콤함도 함정 쓸쓸함도 함정
그 속에서 헤어나지 못하고 자신을 원망하며
직선코스와 우회전 코스를 보면
가파르게 보이기만 하는 여정
또 다른 길이 나를 유혹하고 있다.

유전자

햇빛은 발화되어 인간이 살아갈 수 있도록
만물을 잉태시켜 환경을 만들어
기쁨과 슬픔 그리고 인내를 주었다

산과 땅 사이 사랑이 자란다지
풀과 물 사이 이별이 자란다지
산과 땅은 음과 양을 주고
풀과 물은 흐름을 주더라
우린 사랑의 처방전을 기다리다보면
자연 속 발화되어 예감에 적중되며 산다지
인간은 거짓말을 해도
자연은 거짓말을 못한다지.

봄날은 간다

봄은 내 마음을 복사하고 있었다
온다 간다 말은 있었지만
그윽한 향기만 잠시 주워 꽃병에 꽂고
꽃잎에 잠깐 눈이 마주친 동안
봄날은 가고 있었다

꽃잎과 꽃잎사이 선잠을 자도
아침이면 그 자리에 착지해 있다
봄날은 간다.

홍어무침

내 입술을 기습했다
아주 매운 양념이
붉게 물들어 내려가는 동안
온몸은 식은땀으로
촉촉이 배어든 홍어 무침은
여인네 입술보다 얼얼했다

청양고추가 맵다더니만
입술을 절절히
온몸을 적시고 나니
시원섭섭하다.

강물에 익사한 꿈들

강물에 떠있는 꿈들이
억새를 부르고 바람에
한 겹 벗긴 햇살의 오열은
깊은 심열의 떨림으로 소멸된다

눈가에 흐르는 맑은 물로
씻기어 내려는 마음까지 달라하니
꿈들의 청사초롱 강물이 삼키었는지
날수 없는 새들은 또 다른 굴레를 짓네

낙엽으로 지은 둥지는
움직이면 부서질 것만 같고
균열된 강둑을 무너질 것만 같아서
조바심은 여울목 흐름처럼 나를 삼킨다

강물로 뛰어들고 싶은 충동엔 등지려는 땅이 말없다
꿈이 흐르는 강물 위 나래엔 억새풀이 꺾이지 않고 서 있다
강물로 씻긴 마음은 깊이 페이고 그 자리는 길기만 하다
강물위로 얼비친 구름사이엔 복권의 꿈이 스쳐 지나간다.

4부

시들지 않는 풍경

장밋빛 향기

그대는 나에겐 없어서는 안 될 사람입니다
내 마음을 화사하게 꽃피우는
눈뜨면 진한 향기를 주는 그런 사람입니다

그대는 나의 장밋빛 향기입니다
때론 가시 같고 때론 예쁜 꽃 같아
내가 살아가야할 이유가 하나 생겼습니다

그대는 나의 천사 였습니다
내가 힘들 때 어깨가 되어주고
태풍 속에서도 항로를 잡아주는
꽃보다 더 예쁜 꽃길을 걷게 했습니다

그대의 매력은 꽃 이었습니다
그대는 모든 이가 예뻐하고 기억해주는
그런 사람이 되기 위해 인연을 잘 알고
삶의 원동력이 되어 주는 그런 사람입니다.

그리운 사람이 있습니다

반짝이는 그리움이 있다는 것을 알았습니다
비가 오나 눈이 오나 햇빛에 바라지 않는
그런 사람이 있습니다
때론 친구 같고 때론 연인 같이
삶에 빛이 되어 주는 그런 사람이 있습니다

나를 묵묵히 지켜보며
빛이 되어주기도 하고
발걸음이 무거우면 쉬게 하고
돌다리도 두드리며 걷게 하는 그런 사람입니다

자연의 더불어 살아가게 하고
낮은 곳으로 가도록 가르쳐 주며
새로운 환경에 적응하도록 배려해주는
가을 들녘만큼이나 여물은 사람입니다

내 가슴에 이유 있는 그런 사람입니다.

나를 지탱하게 하는 손

내 마음이 글이라면 찢어버리고 싶다
가슴에서 요동치면 높은 장벽만 보이고
말로 표현하기엔 저물어가는 세월
흔들리지 않으려 몸부림치면 억 겁이 흐른다

아직 누리지 못한 억울함
그가 나를 일깨워 일으켜 세웠다
어느 계절이 와도 식을 줄 모르는 오전 8시반
나를 지탱하게 하는 손이 기다리고 있다.

에필로그

사랑은 가슴에 머무는 것
머무는 동안이라도
그 시간만큼이라도
사랑했으면 좋겠다

가슴이 저리도록 애태우지 말고
속살이 찢어지도록 터지지 말고
지나는 길을 기억하는
그런 시간을 갖는 우리였으면 좋겠다

우린 서로 가치를 위해 힘들잖니
꿈은 현실이라는 것도 잊지 마
우연은 필연이라는 것도 있으니까
필름 속에 갇힌 너의 모습이
에필로그가 아니었으면 좋겠어.

외로움을 수혈한다

온종일 같이 했던 온기가 채식기도 전에
눈가에 선한 그 뜻을 이해가 부족해
남겨진 썰렁한 외벽에서 느껴지는 서늘함은
가슴에 낙관처럼 찍혀있다

이해가 부족한 시간
생에 빼놓을 수 없는 따뜻함에 번쩍이는 눈
삶의 색깔이 되고 싶어
가슴을 관통하는 아픔만큼
그리움 옆엔 또 시작되는 그리움이
파노라마 치듯 채워지지 않는 그리움이 있다

낮으로 채워지지 않는 외로움
오늘 밤도 가로수 불빛에 수혈당하고 있다.

가슴에 꽃을 피운다

향기가 가슴으로 침투하여 꽃이 핀다
오래 비워둔 한구석 목숨 다하는 날까지
약속 날도 까맣게 잊고 어둠으로 불러들인 날
내가 건네준 향기로운 말은 사라지고
기억 뒤편으로 인식해 소멸하는 순간
봄이 오는 것을 발견한다

늙어 버려진 외부와 접속
심장이 녹아 흐를 때 비로소
바람이 긋고 간 소리를 듣고
바람 소리마저 들리지 않는 날이면
밤마다 늙어버린 세월에 정박 당하며
이런저런 상상은 가슴에 꽃을 피운다.

난 바람 소리를 좋아해

세월을 극복하는 법을 오래도록 배웠다
바람이 이야기를 몰고 와 떠들고 나면
구름은 눈 속으로 흘러가는 소리를 남겼지
어디론가 흔적도 없이 사라지는 것은 어쩌면
손이 닿지 않아 잡지 못하는 내가 더 이상한 거지

지겨운 옷을 벗는 것도 여정의 준비이겠지
발뒤축 측은 대는 습관으로 계단을 밟았어
바람 소리가 얼마나 더 조용해야
표정을 떨어뜨리지 않는 눈꼬리에
깊이 밟힌 추운 곳을 만나 사라질지도 몰라
오래된 세월을 지나가는 그 기분이야
기원전 신선한 바람의 유지인지도 모르겠어
그 이유가 체온이 변하지 않는 이유도 그 이유겠지
난 바람 소리를 좋아해 바람에도 명분이 있거든
바람이 남긴 내 숨소리가 섞이고 있을 땐
봄기운처럼 가슴으로 스미는
그 기분에 죽어도 좋아.

깊이

겨울이 가시지 않은 봄 향기에 눈이 찡하다
저 강물의 깊이는 알 수 있으련만
사람 한 질의 마음을 헤아릴 수 없었다
그래서 누군가를 꽝꽝 봉쇄해 버려야 했다

내 나이가 검게 그을린 허무한 나이테
잔잔하게 물결치는 강물은 울렁울렁 서럽다
빛으로 가린 허연 스크린에 나를 비추어보니
내 주위를 맴돌던 것들이 뒤돌아 꼬리를 흔든다

강가의 노을빛은 아름답기만 한데
비방의 글이 가슴을 사무치게 돌려낸다
마음이 한없이 우묵해지는 시간
신발을 바라보니 운동화 안에 있는 발은 따뜻했다
아픔을 딛고 걸어야 할 길을 보호하고 있었다

하얗게 변하는 노을에 내 마음을 묻어야 했다
왜 나는 그렇게 밤이 되면 좋을까
세상에 모든 소음을 잠재우고 싶어서일까.

어둠의 빛을 벗기고 있다

마음이 취해 잠깐 짙어간다
술기운도 아닌데 밖으로 달리고 있다

가슴에 남은 응어리는 슬픔을 몰고 다니고
나의 일상은 참 추운 인생이다

가슴 안에 반복되는 일상을 뒤섞어
무너진 저녁 속에 녹아들고 나면
세상을 숨죽이고 사는 것을 몰랐던 탓일까
모든 기억은 지워도 지워지지 않는 흉터가 되었다

오늘도 여울이 지는 소리를 들으며
밤의 산책길에 음률로 새겨진 길을 더듬으며
달빛에 그린 꽃잎 여무는 소리에
어둠의 빛을 벗기고 있다.

불면의 밤을 써내려간다

밤새도록 아른거린다
이유 없이 여백을 채우고
허공을 긋는 순간 습관에 대해 생각한다

가슴에 다가오는 것들은 내 안에 안보이고
창밖 소리만 썰렁하다
잠시 멀어져간 생략된 생각의 틈에서
마음의 문이 닫히는 동안
몸을 비틀어 깨우칠 때까지
내 슬픔에 이끌려 긴 불면의 밤을 써내려간다

가파른 언덕길을 향해 밀려오는 것들은
겨울과 봄 사이 단단한 인생은 무겁기만 하다
지상에 정전될 때까지 혼선된다
꿈속에서 일어나는 일처럼
그 떨림의 문을 열어 보고 싶다.

나의 시간은

세월이 어찌 생겼는지 모르고 달렸다
마음은 움푹움푹 하얀 절정들이 돋아나
금지된 선을 필사적으로 가늠하고 있을 때
창밖 바람은 봄소식을 알리려 반짝이고
아무리 달아나도 과거는 끝나지 않는 것
생각하면 가슴에 돌덩이 하나 내려앉는다

이 세상을 아름답게 빛나게 했던 시간
때론 허공에 무덤을 파는 일
버릴 수도 잡을 수도 없는 흔적 없는 자리
온몸 미친 듯 혼돈으로 이끌어본다
이젠 나이만큼 사람이 되었냐고 물어보면
나의 시간은 인과 사에 깨우치지 못하였노라고.

내 심장을 노출계로 조정한다

나는 어둠을 타고 저 강물처럼 흐른다
언제나 그랬듯 그림자를 껴안고
침묵보다 더 시린 별 하나 가슴에 안고 말이다

봄에서 겨울까지
인적이 끊긴 또 다른 길을 걸으며
흔들리는 바람조차 잠재우지 못한 채
내 안에 나를 가두고 어둠 속에 뿌리를 뻗는다

나는 모자를 뒤집어쓰고 다시 달린다
자동차 브레이크로 호흡을 조정하며
세월에 뭉개진 정신 줄을 허공에 매달고
정신을 잃지 않으려는 조바심에
여전히 내가 어둠에 갇힌다

일하는 창 너머에는 봄이 왔는데
갇혔던 마음을 여니 봄은 아니었다
온갖 속물들을 써내려가는 손가락에 의지하며
가끔은 밀봉했던 마음을 따라 시간을 보내며
갇힌 내 심장은 노출계로 속도를 조정한다.

소유권은 넘겨주지 않았다

꿈을 혼자 꾸었다
마음에 힘찬 싹이 나고
싹에 숨죽여 듣는 동안
일몰은 아릿한 생기를 돋게 만들었다

절벽 끝은 결정도 없이 바람에 밀려가고
봄소식에 신발을 단단히 동여매고
시를 건지러 산에 올랐다

환해진 계절은 겨울보다 추웠다
봄 열기는 지난 시간보다 더 깜깜했고
흔들어 깨운 눈은 또렷이 봄을 느꼈다

시간 위로 드러나는 얘기들
오늘이 제일 따뜻했다고 하는데
준비 없는 봄은 가짜라는 사실에
마음의 소유권은 넘겨주지 않았다.

지상의 모든 이를 사랑하리라

아무도 내리지 않는 정거장에 누구를 기다리고 있을까
내가 그려놓은 운명의 지도를 찢으며 눈에 밟힌 온기는
문득 고개를 들고 어지러운 지문 때문에 슬픔에 부딪혀
이별을 향해 던져지는 자아를 보며 밤새도록 깨우쳤다

내 인생은 점집 창문에 걸려 부조를 옮겨 나르고 있었다
생각에 웃고 인생에 우는 적막 속에 갇혀 무거운 의족에
허우적대며 세상 보는 눈을 뜨면 심장의 떨림을 알았다

난 쓰다 남겨놓은 페이지를 넘기며 날마다 보름달을 보며
뜨거운 눈빛이 마주치는 그쯤에서 누군가 기다려 준다면
누군가의 꿈이 아니라 완성에서 나를 벗어 던져 버리고
인간이 되어가는 연습이 끝나면 모든 이를 사랑하리다.

내 마음을 가져가서
얼마나 어려운 일인가

내 마음을 가져가서 얼마나 어려운 일인가
얼마나 더 가져가야 그리워지지 않을까
얼마나 더 가져와야 그리워지지 않을까

내 시간에 자주 와서 얼마나 다행일까
내 마음을 단정하게 접어올린 들뜬 시간 속에
어두워지면 심장 소리를 들을 수 있었으니까

이 느낌의 가을만큼이나 마음도 풍부한데
가끔은 하늘을 바라보다 문을 박차고 달리곤 했지
나는 아는 것이다 오래된 처음과 끝 같은 것을.

침묵하며 살고 싶다

낙원 같은 향기는
나를 벗어난 세상이었다
꿈도 희망도 다 버리고 산다고
인간이 되어가는 시간을 허물지 못한
터치 세상의 한계일 것이다

떨어진 낙엽을 보며
세상은 탐구의 대상이었다
자연의 본능을 본다
추하게 떨어진 것과 화려하게 떨어진 것
인간도 같은 이치로 본다

침묵하며 살고 싶다
때론 귀도 막고 입도 막고 싶다
지상에 왔다가는 시간도 줄여보고
좋은 생각만 예쁘게 하고 싶다.

아직은 덜 익은 사과

니에게 길은 각별하다
지워지지 않는 길을 걷다보면
채워지지 않는 길이 있고
채워지는 길이 있다

그러나 인생은 다시 돌아오지 않는 것
샛길과 직선코스가 눈에 들어오지만
샛길 보다는 직선 코스가 좋아
겨울 길에서 나를 잡아 놓는다

가슴이 시리도록 추웠던 길
가슴이 따뜻했던 추억과
가슴을 흔들었던 소리와
벼랑에서 떨어질 듯 매달렸던 속말이
가끔씩 골목길을 서성이게 한다
그 소리도 멀지 않아 바람처럼 사라지겠지.

내 생각을 가져간 사람

거울의 마음은 추웠다
늘 가까이에서 비춰주는 그대인데
가끔은 한파 속에 우뚝 서 있다

가을로 가는 길에 발병은 안 났는지
안부가 그리운 사람
바로 그대의 향기이다

내 생각을 가져간 사람
거울에 비추면 행복해지고
상상에 젖으면 그리운 사람
이런 저런 시달림에 마음만 따라가니
나쁜 생각은 밤이 안고 간다.

가을 숲에 갇히고 싶다

내 곁에 앉아 있는 아침
단 하나의 가을을 발견한다

안기면 안길수록 채워지지 않는 여름을 지나
마르지 않는 폭풍 속에 이름을 안겨본다

내가 존재하는 심장소리를 지나 손등에서
나는 향내는 엇갈림 없이 녹아내릴 때
가을이 오면 바람이 잠든 새로운 정취에
기다려지지 않는 나를 태운 기차가 멈춘다면
가을 숲에 갇히고 싶다.

구겨진 인생

그리움은 좋은 줄만 알았다
어떤 일이 일어날지 밉기만 한 일이다

숨 가쁘게 달려온 인생
얼어붙은 세월 끝에 흐르지 않는 계절
발걸음만 길어지고 있다

내게는 늘 잡을 수 없는 허공
누군가 끌어안았던 회복의 여정을 위해
소리가 지나고 남긴 고상한 눈빛에 박혀
가슴 깊이 가까운 시간으로 느낀다

가슴은 한잔 술에 녹이고
망측한 생각이 즐비할 때도 있지
때론 술잔에 목덜미를 잡힐 때도 있지
구겨진 인생 그곳에 잠들고 싶다.

가을은 사람을 잊고 떠나나 보다

가슴이 터질 듯 밀려와 달렸다
아침은 기다려 주질 않고
빗소리가 마음을 핥고 간다

생각은 저 멀리 수평선 타고 흐르고
그리운 얼굴만 차갑게 뺨을 치고 지나다
가을로 돌아가 시간에 구애받으니
만날 수 없는 길만 재촉하고 있다

눈을 뜨면 또 다른 풍경을 보지만
이내 그 풍경이 다시 돌아와 멍하게 한다
바람에 하나 둘 희미해진다
이렇게 가을을 떠나보내며.

갈잎은 나를 버렸다

낙엽이 물들다만 강가엔
흔들리는 갈대 몸으로 느낀다

겨울로 가는 바람은 거세기만 한데
그 길은 흔들흔들 위험수위
메마른 대지 흔드는 소리
울퉁불퉁 다리가 섭섭하다

하늘이 툭툭 터지는 소리
산비탈 갈라지는 소리
살갗으로 돋아나는 소리
달빛이 선명하다

철없이 피운 꽃은 시듦이 서럽고
절벽에 매단 서러움은 허공만 맴돌고
칼바람에 갈잎을 갉아먹는다.

자연의 이치

메말라 가는 것은 잔인했다
어떤 땅에 심어야 사는지 조차 모르고
장사꾼에 속아 양심을 심었다
대책 없이 타들어가는 햇볕에
생각의 부족함도 시들거렸다

집을 지을 때도 기반을 튼튼하게 하거늘
나무를 심으면서 흙도 없이 퇴비에 심으니
뿌리를 내리기도전에 비상사태 였다

끝내 회생하지 못하고 메말라가는 동안
또 다른 나무들은 화창한 날씨를 즐기고
자연을 이해 못한 죄의 뿌리를 분갈이 한다.

자존심

아무 것도 없이 자존심만 살았네
자존감마저 잃어가는 버려지지 않는
세월 탓만 두서없이 가네

내가 살아가는 법을 배워야
나를 스스로 다스리며 살아가는 것을 터득하지
않을까 내 자신에게 물어본다

나를 버리지 못하고
나를 벗기지 못하고
자존심에 세월 탓만 하고 있네.

아무도 기다려주지 않았어

아무도 사랑할 수 없었어
기억 때문에
눈빛에 남긴 상처들로
처음 길을 걸었지
아무도 기다려주지 않았지만
가을 들녘에
당신이 남긴 말들
간직하고 싶었어
말 못하는 사연만
허공을 감싸고 말았어
끝내 머물 수 없는 것
함께 할 수 없는 것
가슴만 애타다 잠들고 말았어.

생각에 잠들 수 없었어

당신 생각에 잠들 수 없었어
견딜 수 없는 건 말할 수 없다는 것
만날 수 없는 건 거부할 수 없다는 것
생각은 수없이 수놓았지

가슴이 약속해 잠들지 않았어
이보다 거센 아픔이 몰아와도
기억 하나로 버틸 수 있어 세월을 걷는 거야
무던히도 참았는데 그 가을이 다가오면
만나 볼 수는 없지만 가슴에 전해오는 허전함에
가끔은 눈시울 적시고 말았지
삶의 냄새가 이렇게 그리울 줄 몰랐어요.

9월의 연가

9월은 이렇게 떠나가네
황금물결 일렁이는 고향으로
그리움 가득 실은 가을은 떠나가네

비바람 이기며
좋았던 나날 속으로 가을은 익어가네

9월은 떠나가네
그날의 추억을 싣고
다시 돌아 갈 수 없는 그 길을 재촉하며
10월이 다가오네.

강물에 띄운 희망

생각의 꼬리를 물고 올라가 본다
긴 약속을 지키는 발원지
인생은 흐름 속에 산다는 것

많은 것을 삼켜버리고
많은 것을 토해내는 삶
떠났다 돌아오는 향수 같은 곳

강물에 띄운 수없는 사랑의 약속
때론 눈물 되어, 희망되어 흐르는 강
노을 사이로 꿈을 싣고 정직하게 달린다

강물 위로 펼쳐놓은 은빛 노을
염원이 가득 흐르는 한강
아, 경지다.

그립고 그리운 사람

지난 밤 별을 따서 남몰래 삼켜버리고
파도가 일렁이는 바닷가를 혼자 걸었지

세상을 등에 지고 키우던 작은 꿈들이
이젠 너무 멀리 떠나온 소풍이 되어 버렸네

그 꿈을 기억하나요 내 사랑 버려진 채로
낯설은 그 목소리가 가슴에 상처 되었네

한순간에 나를 가둔 그립고 그리운 사람
그대 안에 나를 버리고 우린 서로 타인이었네.

가슴詩린 발라드 1집 영화 소풍 주제곡

이별보다 아픈 건

이별보다 아픈 건
채울 수 없는 나의 빈 가슴
이 밤 외로움에 잠 못 이루네

흔적위로 감춰진 추억들이 밀려와
초라하게 쌓여가는 기억들을 지우려

백지위로 마음만 써 내려간 어둔 밤
아직도 흔들리는 내 마음은 지금
그리움만 태우며 지새우던 깊은 밤
어둠 속에 흩어진 지나간 기억들
지울 수 없어요.

가슴詩린 발라드 1집 영화 소풍 테마음악

너였으면

그가 너였으면 너였으면 좋겠다
그가 너였으면 너였으면 좋겠다
흩어진 마음들이 조금씩 다가와
온 밤을 지새우며 어둔 밤 태운다

그가 너였으면 너였으면 좋겠다
그가 너였으면 너였으면 좋겠다
언젠가 눈빛으로 만나 죽었던
연민처럼 다가오는 너였으면 좋겠다

그가 너였으면 너였으면 좋겠다
그가 너였으면 너였으면 좋겠다
너였으면 좋겠다
너였으면 너였으면 좋겠다.

가슴詩린 발라드 2집 영화 소풍 테마음악

보고 싶어라

그대가 떠난 이 자리 추억만 쌓여 가는데
누군가를 잊으려 잊으려고 이 길을 혼자 걸었지

그대 안에 갇혀온 채로 그리움에 지친 채
초라한 내 모습 미워도 했었지

파도가 밀려오는 검은빛 바닷가엔
그대가 남기고 간 모래 위에 발자욱

이 밤이 지나가면 당신에 추억들도
파도에 지친 발자욱처럼
쓸쓸히 쓸쓸히 사라져 가겠지.

가슴詩린 발라드 3집 영화 소풍 테마음악

잊혀지지 않는 풍경

초판인쇄: 2013년 10월 20일
초판인쇄: 2013년 10월 25일
지 은 이: 윤기영
펴 낸 이: 윤기영
편 집: 정설연
펴 낸 곳: 도서출판 노트북
등 록: 제 305-2012-000048호
본 사: 서울시 동대문구 사가정로 256-4 나동 B101호
전 화: 070-8887-8233 팩시밀리 02-844-5756
이 메 일: hdpoem55@hanmail.net

정 가: 10.000원
ISBN: 978-89-92687-45-4-03810